团 体 标 准

商用车检测维修职业能力评价规范

Professional competence evaluation of commercial vehicle inspection and maintenance

T/CICE 01—2019

主编单位:中国交通教育研究会机动车职业教育发展研究中心
山西交通技师学院
北京福田戴姆勒汽车有限公司

发布单位:中国交通教育研究会
实施日期:2019 年 12 月 25 日

人民交通出版社股份有限公司

北 京

图书在版编目(CIP)数据

商用车检测维修职业能力评价规范：T/ CICE 01—2019 / 中国交通教育研究会机动车职业教育发展研究中心等主编. — 北京：人民交通出版社股份有限公司，2020.2

ISBN 978-7-114-16345-6

Ⅰ. ①商… Ⅱ. ①中… Ⅲ. ①商用车辆—故障检测—职业教育—能力培养—评价—规范—中国②商用车辆—车辆修理—职业教育—能力培养—评价—规范—中国 Ⅳ. ①U469.07-65

中国版本图书馆 CIP 数据核字(2020)第 029704 号

标准类型： 团体标准

Shangyongche Jiance Weixiu Zhiye Nengli Pingjia Guifan

标准名称： 商用车检测维修职业能力评价规范

标准编号： T/CICE 01—2019

主编单位： 中国交通教育研究会机动车职业教育发展研究中心
山西交通技师学院
北京福田戴姆勒汽车有限公司

责任编辑： 郭红蕊　韩亚楠

责任校对： 孙国靖　龙　雪

责任印制： 刘高彤

出版发行： 人民交通出版社股份有限公司

地　　址： (100011)北京市朝阳区安定门外外馆斜街 3 号

网　　址： http://www.ccpress.com.cn

销售电话： (010)59757973

总 经 销： 人民交通出版社股份有限公司发行部

经　　销： 各地新华书店

印　　刷： 中国电影出版社印刷厂

开　　本： 880×1230　1/16

印　　张： 2.75

字　　数： 65 千

版　　次： 2020 年 2 月　第 1 版

印　　次： 2020 年 2 月　第 1 次印刷

书　　号： ISBN 978-7-114-16345-6

定　　价： 35.00 元

(有印刷、装订质量问题的图书由本公司负责调换)

前　言

本规范按照 GB/T 1.1—2009 给出的规则起草。

本规范由中国交通教育研究会提出并归口。

本规范主起草单位：中国交通教育研究会机动车职业教育发展研究中心、山西交通技师学院 、北京福田戴姆勒汽车有限公司、广州市灵峰汽车服务有限公司、广东交通职业技术学院、江苏汽车技师学院、宁波技师学院、重庆交通职业学院、四川交通技师学院、山东交通技师学院、山东交通职业学院、吉林交通职业技术学院、上汽依维柯红岩商用车有限公司、郑州宇通客车股份有限公司、陕西重型汽车有限公司、广州瑞修得信息科技有限公司等

本规范主要起草人：王勇勇、楼新良、蒋志伟、郭海龙、刘庆华、唐中然、刘海峰、卫云贵、屠剑敏、魏垂浩、周新勇、王玉滔、钟荣彬、刘飞跃、祁晓峰、高吉、李亮、王福忠、丁在明、孔春花、马骊歌、赵启文、高红、郇延建等

本规范为首次发布。

主要审查人：刘瑞昕、吴东风、刘卫民、刘岸平、周昆兵、姜春霞、陈晓东、桑心成、陈伟明、徐东亮、陈英杰、管恩进、杨泽宇、刘兴华、王永莲、李明慧、李文娟

目　次

商用车检测维修职业能力评价规范

1 范围

本规范以客观反映现阶段本职业的水平和对从业人员的要求为目标，规定了商用车检测维修组织框架及商用车技术技能人才职业能力评价的基本要求和规范，对商用车检测维修人员的职业素养、安全、环保和法规意识进行了强化和引导，并对商用车检测维修的组织和从业水平职业技术能力的评价内容、评价方法做出了明确规定。

本规范作为团体标准，附录A适用于商用车检测维修士、维修工程师评价流程，附录B适用于商用车生产企业、经销商、维修及售后服务、检测站等教育培训机构和从事商用车检测维修工作人员的职业能力评价。

2 规范性引用文件

下列文件中的条款通过本规范的引用而成为本规范的条款。凡是注日期的引用文件，仅注日期的版本适用于本文件。凡是不注日期的引用文件，其最新版本(包括所有的修改单)适用于本文件。

GB/T 3730.1　汽车和挂车类型的术语和定义

GB/T 3799.1　商用汽车发动机大修竣工出厂技术条件　第1部分：汽油发动机

GB/T 3799.2　商用汽车发动机大修竣工出厂技术条件　第2部分：柴油发动机

GB/T 4094.2　电动汽车　操纵件、指示器及信号装置的标志

GB/T 5624　汽车维修术语

GB 7258　机动车运行安全技术条件

GB/T 15746　汽车修理质量检查评定标准

GB 17691　重型柴油车污染物排放限值及测量方法(中国第六阶段)

GB 18285　汽油车污染物排放限值及测量方法(双怠速法及简易工况法)

GB/T 18344　汽车维护、检测、诊断技术规范

GB/T 18384.3　电动汽车　安全要求　第3部分：人员触电防护

GB 18565　道路运输车辆综合性能要求和检验方法

GB/T 19596　电动汽车术语

GB/T 19910　汽车发动机电子控制系统修理技术要求

GB/T 27876—2011　压缩天然气汽车维护技术规范

GB/T 27877—2011　液化石油气汽车维护技术规范

HJ 438—2008　车用压燃式、气体燃料点燃式发动机与汽车排放控制系统耐久性技术要求

JT/T 816　机动车维修服务规范

JT/T 1045　道路运输企业车辆技术管理规范

3 术语和定义

GB/T 5624、GB/T 19596、GB/T 3730.1确立的以及下列术语和定义适用于本规范。

3.1

商用车辆 commercial vehicle

在设计和技术特性上用于运送人员和货物的汽车，并且可以牵引挂车，不包括乘用车。

3.2

电动商用车 electric commercial vehicles

以车载电源为动力，用电机驱动车轮行驶，符合道路交通安全法规各项要求的商用车。

3.3

一般故障诊断 vehicle diagnosis

在不解体(或仅卸下个别零件)的条件下，确定汽车技术状况，查明故障部位及原因的检查。

3.4

压燃式发动机 pression ignition engine

利用压缩空气产生的高温点燃燃料的发动机。

3.5

点燃式发动机 spark ignition engine

依靠电火花点燃混合气的发动机。

3.6

天然气发动机 natural gas engine

以压缩天然气(compressed natural gas)、液化石油天然气(liquefied natural gas)和吸附天然气(absorbed natural gas)用作车用燃料的发动机。

3.7

传动系统 drive line system

汽车发动机与驱动轮之间的动力传递装置。

3.8

制动系统 brake system

使行驶车辆逐步减速或停车，或使已经停驶的车辆保持静止状态的零部件组合，该系统由控制装置、传输装置和制动器组成。

3.9

悬架 suspension 与转向系统 steering system

悬架是指位于车架(或车身)与车轴(或车轮)之间，缓和并衰减由地面引起的冲击和振动，同时传递作用在车轮和车架(或车身)之间的各种力和力矩的装置。转向系统是改变汽车行驶方向的装置。

3.10

商用车电子/电气系统 electrical and electronic systems for commercial vehicles

商用车上依靠电路工作的设备和元件的总称。电子/电气系统包括电源系统、用电系统(起动系统、点火系统、照明系统、信号系统、电子控制系统、辅助电气系统)、检测系统和配电系统等。

3.11

供暖、通风和空调(HVAC) heating, ventilation and air conditioning

供暖、通风和空调系统是指对汽车车厢内空气进行制冷、加热、换气和净化的装置的总称。

3.12

排气后处理系统　exhaust aftertreatment system

催化器(氧化型催化器、三元催化器,以及任何气体催化器)、颗粒捕集器,除氮氧系统、组分式降氮氧系统的颗粒捕集器,以及其他各种安装在发动机下游的削减污染物的装置。

3.13

车载排放诊断系统(OBD system)　**on board diagnostic system**

指安装在汽车和发动机上的计算机信息系统,属于污染控制装置,应具备下列功能:

a) 诊断影响发动机排放性能的故障。

b) 在故障发生时通过报警系统显示。

c) 通过存储在电脑单元存储器中的信息确定可能的故障区域并提供信息离线通信。

3.14

颗粒物后处理装置　particulate after-treatment device

设计通过机械、空气动力学、扩散或惯性分立方式减少颗粒污染物(PM)排放量的排放后处理装置。

3.15

电控高压燃油喷射系统　electrically controlled high-pressure fuel injection system

电控高压燃油喷射系统目前主要有单体泵、泵喷嘴、高压共轨三种。在我国商用车柴油机上广泛采用单体泵和高压共轨两种。

a) 单体泵系统是带时间控制的高压燃油喷射系统,用于直喷式柴油机。

b) 电控高压共轨燃油喷射系统是建立在直喷技术、预喷技术和电控技术基础之上的一种全新概念的喷油系统。它主要由高压泵、带压力传感器和调压阀的共轨管、带电磁阀或压电式的喷油器、电控单元(ECU)和传感器组成。

4　基本要求

4.1　维修士

具备以下条件之一者,可申报维修士:

4.1.1　学历或职业资格要求

a) 取得交通运输类专业大专学历。

b) 取得汽车维修相关专业四级/中级工以上职业资格证书。

4.1.2　知识与技能要求

维修士知识与技能应达到本规范附录B中相应条款的要求。

4.2　维修工程师

具备以下条件之一者,可申报维修工程师:

4.2.1　学历或职业资格要求

a) 取得商用车检测维修士证书后,从事商用车检测维修工作满6年。

b) 取得交通运输类专业大专学历,从事商用车检测维修工作满5年。

c) 取得交通运输类专业大学本科学历,从事商用车检测维修工作满 4 年。
d) 取得交通运输类专业双学士学位或研究生毕业,从事商用车检测维修工作满 2 年。
e) 取得交通运输类专业硕士学位,从事商用车检测维修工作满 1 年。
f) 取得汽车维修相关专业三级/高级工职业资格证后,从事商用车检测维修工作满 5 年。
g) 取得汽车维修相关专业二级/技师职业资格证后,从事商用车检测维修工作满 4 年。
h) 取得汽车维修相关专业一级/高级技师职业资格证后,从事商用车检测维修工作满 1 年。

4.2.2 知识与技能要求

维修工程师知识与技能应达到本规范附录 B 中相应条款的要求。

4.3 职业道德

4.3.1 职业道德基本知识

4.3.2 职业守则

a) 遵守相关法律、法规和规定。
b) 爱岗敬业、忠于职守、诚实守信。
c) 认真负责、严于律己。
d) 刻苦学习、钻研业务、奉献社会。
e) 谦虚谨慎、团结协作。
f) 严格执行工艺文件,质量意识强。
g) 重视安全生产,环保意识强。

4.4 基础知识

4.4.1 汽车常用材料

a) 汽车常用金属和非金属材料的种类、性能及应用。
b) 燃料的标号、性能及应用。
c) 润滑油、润滑脂的规格、性能及应用。
d) 汽车常用工作液的规格、性能及应用。
e) 汽车轮胎的分类、规格及应用。
f) 紧固件的种类与代号。

4.4.2 电工与电子基本知识

a) 电路基础知识(直流电路、交流电路)。
b) 电路基本元件的名称与代号。
c) 电子电路基础知识。
d) 常见电子元件的名称与代号。

4.4.3 液压传动

a) 液压传动基本知识。
b) 液压传动在汽车上的应用。

4.4.4 汽车维修常用工量具、仪器仪表和维修设备

a) 汽车维修常用工量具、仪器仪表和维修设备的种类和功能。

b） 汽车维修常用工量具、仪器仪表和维修设备的选择和使用。

4.4.5 汽车构造

a） 发动机构造、工作原理。

b） 底盘构造、工作原理。

c） 汽车电气设备构造、工作原理。

d） 汽车车身结构和用材。

4.4.6 安全生产与环境保护知识

a） 安全防火知识。

b） 安全用电知识。

c） 现场急救知识。

d） 汽车维修作业安全知识。

e） 汽车维修设备、检测仪器和专用工具的安全操作规范。

f） 新能源汽车安全知识。

g） 危险化学品知识。

h） 车用油、液的储存和管理。

i） 废弃物及废弃油、液的处置。

j） 环保法规及相关知识。

4.4.7 质量管理知识

a） 质量管理的基本知识。

b） 汽车维修质量检验基础知识。

4.4.8 相关法律法规、规章和技术标准、规范

a） 相关法律法规。

b） 相关规章：

《机动车维修管理规定》相关知识。

《道路运输从业人员管理规定》相关知识。

《道路运输车辆技术管理规定》相关知识。

《家用汽车产品修理、更换、退货责任规定》相关知识。

《液化天然气汽车专用装置安装要求》相关知识。

4.5 相关知识与技能

商用车检测维修职业能力评价内容，见本规范附录 B。

5 评价内容

5.1 评价内容主要包含：职业道德、基础知识和相关知识与技能要求。

5.2 商用车检测维修士和维修工程师理论知识与技能水平项目评价权重比应符合表 5.2.1 的要求。

表 5.2.1 理论知识与技能水平权重表

项　目		等级			
		理论知识权重(%)		技能水平权重(%)	
		维修士	维修工程师	维修士	维修工程师
职业道德		5	5		
基础知识		15	10		
相关知识与技能	S1 点燃式发动机	10	10	10	5
	S2 压燃式发动机	15	15	15	15
	S3 传动系统	10	5	15	15
	S4 制动系统	10	10	15	10
	S5 悬架与转向系统	5	5	5	10
	S6 电子/电气系统	15	20	15	25
	S7 供暖、通风和空调	5	5	5	5
	S8 整车维护	10		20	
	S9 电动商用车		15		15
合计		100	100	100	100

6 评价方式与流程

6.1 商用车检测维修士和维修工程师评价分为理论知识测试和技能水平考试。理论知识测试与技能水平考试均实行百分制,成绩皆达 60 分(含)以上者为合格。

6.2 商用车检测维修士和维修工程师相关知识和技能评价。

6.2.1 商用车检测维修士和维修工程师职业能力相关知识评价按难度分为 A、B、C 三类。

A 类:对商用车检测维修相关知识做到基本了解。

B 类:对商用车检测维修相关知识做到深刻理解。

C 类:对商用车检测维修相关知识做到全面掌握。

6.2.2 商用车检测维修士和维修工程师职业能力技能水平评价。

维修士侧重于整车维护和总成拆装检修、单系统故障诊断;维修工程师主要侧重于总成大修、维修质量检验和综合故障诊断。

6.3 评价流程

商用车检测维修职业能力评价流程见本规范附录 A。

附 录 A
（规范性附录）
商用车检测维修职业能力评价流程

商用车检测维修能力评价流程见图 A.1。

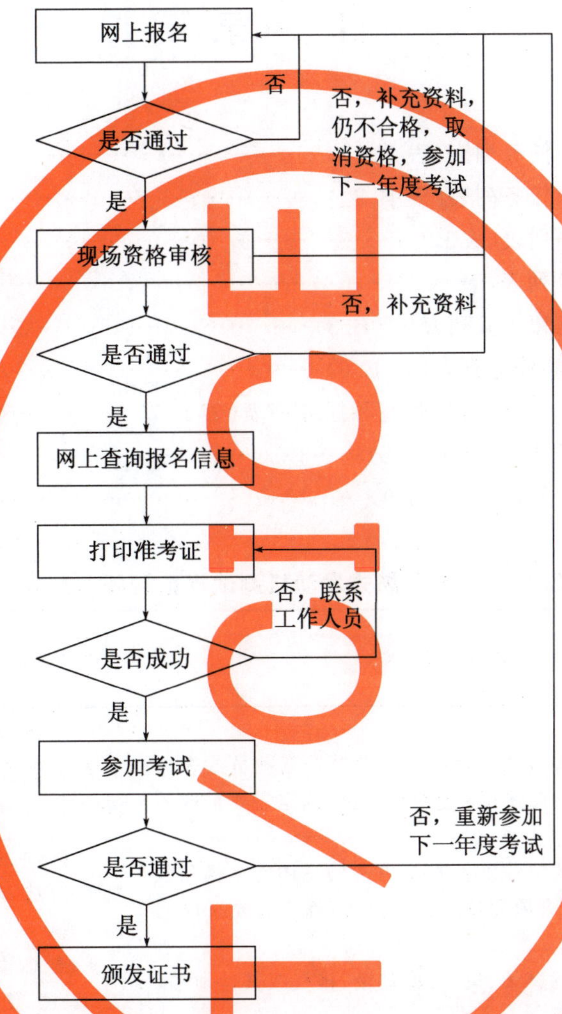

图 A.1 商用车检测维修职业能力评价流程

附 录 B
(规范性附录)
商用车检测维修职业能力评价内容

目 录

表 B.1 S1 点燃式发动机测试规范和任务列表

内容	技能要求	相关知识	掌握程度	
			维修士	维修工程师
A. 一般发动机故障诊断	1. 判断车辆故障或通过道路测试并结合驾驶员或客户对车辆故障情况的陈述和历史维修数据,确定需要采取的维修措施。 2. 查看发动机的型号和序列号,并查阅适用的车辆和服务信息,服务注意事项和技术服务公告,确定需要采取的维修措施。 3. 检查发动机的燃油、机油、冷却液、排气或其他泄漏,确定需要维修措施。 4. 诊断发动机异常的噪声和振动,确定需要采取的维修措施。 5. 诊断整车排气的异常颜色、气味和声音的原因,确定需要采取的维修措施。 6. 执行发动机歧管真空或压力测试,确定需要采取的维修措施。 7. 执行汽缸动平衡测试,确定需要采取的维修措施。 8. 执行汽缸压缩测试,确定需要采取维修措施。 9. 执行汽缸漏气、泄漏测试,确定需要采取维修措施。 10. 使用示波器、发动机分析仪、数字万用表(DMM)和扫描工具,诊断发动机机械、电气、电子、燃料和点火的问题并确定采取的维修措施。	1. 维修接待流程和故障车辆问诊方法	C	C
		2. 汽油发动机的构造与工作原理	B	C
		3. 维修诊断工具的使用方法	C	C
		4. 发动机性能测试	B	C
		5. 仪表信号指示原理和信号含义	A	C
		6. 起动机结构原理与检测方法	C	C
		7. 发电机结构原理与检测方法	B	C

表 B.1(续)

内　　容	技能要求	相关知识	掌握程度	
			维修士	维修工程师
A.一般发动机故障诊断	11.检查发动机舱线束、连接器、密封件、真空软管,确定采取的维修措施。 12.观察和解释仪表盘仪表读数。 13.阅读和理解电气原理图和符号。 14.测试和诊断电池工作状态,确定是否需要维修以及维修的方式。 15.执行起动电流消耗测试,确定需要采取的行动。 16.执行起动机和充电电路的电压降试验,确定需要采取的行动。 17.检查、测试、修理连接器、起动电路和充电电路。 18.正确区别发动机无法起动和转速缓慢的电气和机械问题。 19.测试和诊断因发电机过度充电或不充电情况导致发动机的问题,确定需要采取的维修措施。 20.检查、调整、更换发电机的驱动皮带,皮带轮,张紧器和风扇。 21.组织、指导维修人员解决维修过程中出现的关键或疑难技术问题。 22.在维修过程中进行成本核算及定额管理。 23.在维修过程中与客户进行有效的沟通,提高服务满意度。 24.编制故障分析报告	8.发动机性能测试	A	C
		9.发动机故障诊断和维修方法	A	C
		10.发动机维修工艺	B	C
		11.成本核算和工时定额相关知识	A	C
		12.维修作业的组织与管理	B	C
		13.技术总结的内容和写作方法相关知识	A	C
B.配气机构故障诊断和维修	1.掌握配气机构所有零部件的结构、工作原理、装配位置、装配方法及力矩、故障模式及检测方法。 2.拆卸和清洁汽缸盖总成。 3.正确检查螺纹孔,螺栓和可维护性螺栓,确定是否进行更换。 4.正确测量汽缸盖的厚度,并检查配合面翘曲和表面粗糙度,检查是否有裂纹,检查油道、水道的状况,确定适用性和必要的维修。 5.正确检查气门、导管、气门座、弹簧、锁片和气门油封,确定必要的维修。 6.重新组装、检查和安装缸盖总成和汽缸垫。 7.正确检查推杆、摇臂、摇臂轴、支架,确定是否进行维修更换。 8.正确检查、安装和调整气门挺杆和组件,调整气门间隙。 9.正确检查、测量、更换顶置凸轮轴和轴承,并测量和调整轴向间隙。 10.组织、指导维修人员解决维修过程中出现的关键或疑难技术问题。 11.编制故障分析报告	1.汽缸盖的结构	A	C
		2.气门组的结构	A	C
		3.气门的拆卸与安装方法	B	C
		4.气门间隙调整方法	B	C

表 B.1(续)

内　　容	技 能 要 求	相 关 知 识	掌握程度	
			维修士	维修工程师
C. 缸体及曲柄连杆机构故障诊断和维修	1.掌握曲柄连杆机构所有零部件的结构、工作原理、装配位置、装配方法及力矩、故障模式及检测方法。 2.正确拆卸、清洁，检查发动机缸体是否有裂纹，检查配合面翘曲和表面粗糙度，检查油道、水道的状态，检查螺纹孔、螺栓、定位销，根据需要进行更换。 3.正确检查并测量汽缸壁是否有磨损和损坏，确定适用和必要的维修。 4.正确检查凸轮轴轴承磨损和损坏状况，根据需要进行更换。 5.正确检查、测量更换新的凸轮轴并安装，测量无误后检查、调整，重新安装气门挺杆，必要时更换。 6.正确清洁并检查曲轴表面裂缝和损坏，测量曲轴轴径，检查安装面，确定需要维修的项目。 7.正确诊断活塞、连杆轴承和主轴承磨损情况，按照要求将连杆、曲轴和轴承正确装配，检查轴承孔和轴承状态，确定是否需要维修。 8.正确检查并更换主轴承，检查配合间隙，确保曲轴正常运转。 9.正确检查并更换正时链条和齿轮，确保正时正确。 10.正确检查、测量或更换活塞、活塞销和相关部件。 11.正确检查、测量活塞和汽缸壁之间的间隙。 12.正确检查活塞环和活塞环槽之间的配合间隙，安装活塞环，组装活塞和连杆，安装连杆轴承并检查轴向间隙。 13.正确检查或更换曲轴减振器。 14.正确检查飞轮、挠性板(包括齿圈)安装表面是否有裂纹、磨损和跳动，确定是否需要维修。 15.组织、指导维修人员解决维修过程中出现的关键或疑难技术问题。 16.编制故障分析报告	1.发动机汽缸体的结构	A	C
		2.量缸表的使用方法	A	C
		3.游标卡尺、千分尺、百分表、磁性表座的使用方法	A	C
		4.活塞的拆卸与安装方法	B	C
		5.曲轴的拆卸与安装方法	B	C
		6.活塞环三隙的测量方法	B	C
		7.飞轮的拆装方法	A	C
D. 润滑和冷却系统的诊断和维修	1.掌握润滑系统和冷却系统所有零部件的结构、工作原理、装配位置、装配方法及力矩、故障模式及检测方法。 2.正确诊断发动机润滑系统的问题，执行油压试验，确定是否需要维修。 3.正确拆卸并检查油泵并清洗机油泵，检查泄压装置和机油泵驱动性，确定是否需要维修。 4.正确检查、清理、测试，重新安装机油冷却器、旁通阀、管道和软管，必要时更换。 5.正确更换发动机机油和滤清器，添加符合维修手册要求的机油。 6.正确检查皮带轮、张紧轮和传动皮带。	1.润滑系统的组成	A	C
		2.冷却系统的组成	A	C
		3.机油泵的拆装方法	B	C
		4.机油的类型和更换方法	A	C

表 B.1(续)

<table>
<tr><th rowspan="2">内　　容</th><th rowspan="2">技 能 要 求</th><th rowspan="2">相 关 知 识</th><th colspan="2">掌握程度</th></tr>
<tr><th>维修士</th><th>维修工程师</th></tr>
<tr><td rowspan="4">D. 润滑和冷却系统的诊断和维修</td><td rowspan="4">7. 正确诊断发动机冷却系统的温度和压力的问题，确定是否需要维修。
8. 正确检查并更换节温器、冷却液、节温器壳体、密封件、软管及相关配件。
9. 正确检查和测试冷却液性能，重新排水、冲洗，加注新的符合使用要求的冷却液并对冷却系统放气。
10. 正确检查并更换水泵和软管。
11. 正确检查并更换散热器、水箱盖、膨胀水箱和冷却液回收系统。
12. 正确检查、测试风扇、风扇离合器、风扇罩和控制电路，进行必要的维修和更换作业。
13. 正确验证发动机有关的仪表和报警指示灯是否正常，确定是否需要维修。
14. 组织、指导维修人员解决维修过程中出现的关键或疑难技术问题。
15. 编制故障分析报告</td><td>5. 机油滤清器的更换方法</td><td>A</td><td>C</td></tr>
<tr><td>6. 冷却液的更换方法</td><td>A</td><td>C</td></tr>
<tr><td>7. 水泵的更换方法</td><td>B</td><td>C</td></tr>
<tr><td>8. 仪表指示灯的含义</td><td>A</td><td>C</td></tr>
<tr><td rowspan="3">E. 点火系统的诊断和维修</td><td rowspan="3">1. 掌握点火系统所有零部件的结构、工作原理、装配位置、装配方法及力矩、故障模式及检测方法。
2. 对发动机不起动、发动机熄火、动力不足、燃油经济性差、排放不达标等问题的点火系统故障原因进行分析诊断，确定必要的维修作业项目。
3. 对点火系统相关的故障代码、数据流进行分析、判断，确定必要的维修作业项目。
4. 对点火系统的控制线路进行检查、测试、修理或更换。
5. 对点火系统的二次回路接线(高压线)和组件进行检查、测试、修理或更换。
6. 对点火线圈及火花塞进行检查、测试并更换。
7. 对点火控制模块(ICM)进行检查、测试或更换。
8. 组织、指导维修人员解决维修过程中出现的关键或疑难技术问题。
9. 编制故障分析报告</td><td>1. 点火系统的结构及其工作原理</td><td>A</td><td>C</td></tr>
<tr><td>2. 诊断仪器的使用方法</td><td>B</td><td>C</td></tr>
<tr><td>3. 初级线圈与次级线圈的测量方法</td><td>B</td><td>C</td></tr>
<tr><td rowspan="3">F. 燃料与进排气后处理系统的诊断和维修</td><td rowspan="3">汽油发动机：
1. 掌握燃油和进排气后处理系统所有零部件的结构、工作原理、装配位置、装配方法及力矩、故障模式及检测方法。
2. 正确诊断燃油供给系统相关的问题，如无法起动、起动困难、怠速不稳、发动机熄火、功率不足、燃油经济性差、排放等问题，分析故障原因，确定所需要维修的作业项目。
3. 正确分析燃油供给系统或电控系统相关的故障代码、数据流，确定所需要维修的作业项目。</td><td>1. 燃油供给系统的组成</td><td>A</td><td>C</td></tr>
<tr><td>2. 进气系统的结构组成</td><td>A</td><td>C</td></tr>
<tr><td>3. 诊断仪器的使用方法</td><td>B</td><td>C</td></tr>
</table>

表 B.1(续)

<table>
<tr><th rowspan="2">内　　容</th><th rowspan="2">技 能 要 求</th><th rowspan="2">相 关 知 识</th><th colspan="2">掌握程度</th></tr>
<tr><th>维修士</th><th>维修工程师</th></tr>
<tr><td rowspan="6">F. 燃料与进排气后处理系统的诊断和维修</td><td rowspan="6">4. 对燃油供给系统的油箱、加油口和油箱盖、燃料输送管路、接头以及软管等进行检查,对燃油质量进行判断。
5. 对燃油滤清器、燃油泵和燃油泵组件进行检查、测试并更换。
6. 对电动燃油泵控制电路和元件进行检查和测试,确定需要的维修作业项目。
7. 对燃油系统的燃油压力进行检验,并对燃油压力调节系统和燃油喷射系统相关元件进行检查、测试、修理或更换。
8. 对包括电子节气门总成和控制线路进行检查、维修或更换并做出相关调整。
9. 对喷油器和燃油分配管进行检查、测试、清洗并更换。
10. 对空气过滤系统组件进行维护、检修或更换。
11. 对进气系统、进气歧管和真空度进行检查。
12. 对燃油系统的组件、电气部件及相关线路进行拆除、清洁、检测并修理必要时更换。
13. 对排气歧管、垫片、排气管、氧传感器、消声器、催化转化器和隔热层进行检查、维护并更换。
14. 对排气后处理系统的泄漏问题进行检验,确定所需的修复。
15. 组织、指导维修人员解决维修过程中出现的关键或疑难技术问题。
16. 编制故障分析报告</td><td>4. 燃油滤清器的更换</td><td>A</td><td>C</td></tr>
<tr><td>5. 燃油泵的更换方法</td><td>A</td><td>C</td></tr>
<tr><td>6. 燃油压力的检测方法</td><td>A</td><td>C</td></tr>
<tr><td>7. 节气门的工作原理与更换方法</td><td>B</td><td>C</td></tr>
<tr><td>8. 排气管的结构</td><td>A</td><td>C</td></tr>
<tr><td>9. 三元催化转化器的检测与更换方法</td><td>B</td><td>C</td></tr>
<tr><td rowspan="3">G. 天然气发动机燃气及进排气后处理系统的诊断和维修</td><td rowspan="3">天然气发动机:
1. 掌握天然气发电机燃气系统所有零部件的结构、工作原理、装配位置、装配方法及力矩、故障模式及检测方法。
2. 正确诊断燃气供给系统相关的问题,如不能起动、怠速不稳、发动机熄火、功率下降、燃气经济性差、排放等问题,分析其故障原因,确定所需要维修的作业项目。
3. 正确分析燃气供给系统或电控系统相关的故障代码、数据流,确定所需要的维修作业项目。
4. 正确燃气供给系统的气瓶、加气口、放空阀、气压表、限压阀、稳压阀、单向阀、出液阀、电池阀、保护阀、自增压阀、安全阀以及汽化器、稳压器、燃料输送管路、接头以及软管等进行检查、维修,必要时更换。
5. 对气瓶原因引发的发动机无法起动、加速无力、动力不稳、停机熄火或者气瓶压力过高等故障进行检查、维修,必要时更换。
6. 对燃气供给系统的燃气滤清器、高压切断阀、稳压阀、热交换器、燃气节温器和混合器组件等进行检查、测试并更换。</td><td>1. 燃气系统的结构及其工作原理</td><td>A</td><td>C</td></tr>
<tr><td>2. 燃气供给控制电路的组成</td><td>B</td><td>C</td></tr>
<tr><td></td><td></td><td></td></tr>
</table>

表 B.1(续)

内　　容	技 能 要 求	相 关 知 识	掌握程度	
			维修士	维修工程师
G. 天然气发动机燃气及进排气后处理系统的诊断和维修	7. 对燃气计量阀控制电路和元件进行检查和测试,确定需要维修的作业项目。 8. 对包括电子节气门总成和控制线路进行检查、维修或更换,并做出相关调整。 9. 对燃气计量阀和混合器进行检查、测试、清洗并更换。 10. 对空气过滤系统组件进行检修、维护或更换。 11. 对进气系统、进气歧管和真空度进行检查。 12. 对排气歧管、垫片、排气管、氧传感器、消声器、催化转化器和隔热层进行检查、维护并更换。 13. 对排气后处理系统的泄漏故障问题进行检验,确定所需的修复。 14. 组织、指导维修人员解决维修过程中出现的关键或疑难技术问题。 15. 编制故障分析报告			
H. 排放控制系统的诊断和维修	1. 掌握排放控制系统所有零部件的结构、工作原理、装配位置、装配方法及力矩、故障模式及检测方法。 2. 对曲轴箱强制通风系统的排放影响车辆驾驶性变差的故障问题进行测试和诊断。 3. 对曲轴箱强制通风系统的过滤装置、阀、通风管和软管进行检查、维护并更换。 4. 对废气再循环(EGR)系统导致的驾驶性问题进行测试和诊断。 5. 对废气再循环(EGR)系统的相关组件,包括 EGR 阀、管路、真空/压力的控制、过滤器、软管、传感器、控制器和其他相关部件进行检查、测试、维护和更换。 6. 对二次空气喷射或催化转化系统造成的驾驶性变差的问题进行测试和诊断。 7. 对二次空气喷射系统相关数据流和故障码进行诊断分析,确定需要维修的项目。 8. 对排放控制系统机械部件、电气组件以及二次空气喷射系统的电路进行检查、测试、维护和更换。 9. 对催化转化器检修,并对催化转换器相关的诊断故障码和数据流进行分析判断,最终确定所需要的维修作业项目。 10. 对燃油蒸发回收系统排放超标造成的驾驶性变差问题进行必要测试和诊断。 11. 对燃油蒸发回收系统相关数据流和故障代码进行分析判断,确定所需要的维修作业项目。 12. 对燃油蒸发回收系统的管路等机械和电气控制系统组件进行检查、测试或更换	1. 曲轴箱强制通风系统的组成及其工作原理	A	C
		2. EGR 系统的组成及其工作原理	A	C
		3. 二次空气喷射系统的组成及其工作原理	B	C
		4. 解码器的使用方法	A	C
		5. 燃油蒸发回收系统的组成	A	C
		6. 燃油蒸发回收系统常见故障的诊断方法	B	C

表 B.1(续)

内　容	技 能 要 求	相 关 知 识	掌握程度	
			维修士	维修工程师
I.发动机电控系统诊断和修复	1.掌握电控系统所有零部件的结构、工作原理、装配位置、装配方法及力矩、故障模式及检测方法。 2.读取电控系统的相关故障码、检测数据流、冻结帧数据或环境变量数据、系统监控数据等,对标监控指标的参考值范围和正常驱动性的周期信息,解释、验证车辆故障或性异常表现。 3.阅读和解释技术文献(服务出版物和信息,包括接线示意图、电控原理图、故障码手册、诊断/维修案例等)。 4.通过故障诊断代码的分析,诊断排放超标和驾驶性变差问题。 5.通过故障诊断仪来分析没有故障诊断代码的排放量超标或驾驶性变差的问题。 6.使用故障诊断仪、数字万用表或示波器检查或测试电控发动机控制系统中的传感器、执行器、电路和动力总成/发动机控制单元,测量、记录、解释发生的异常,判断故障原因,确定所需要的维修项目。 7.使用数字万用表或示波器读数,解释电压、电压降、电流和电阻值异常原因,解释此类异常与车辆已发生的故障或性能异常故障表现之间的关系。 8.测试、清洁、维护并更换电源和接地配电电路以及相关连接。 9.使用故障诊断仪测量、分析、解释电控发动机的传感器参数、执行器测试结果、动力总成/发动机控制单元测试结果的异常原因,解释此类异常与车辆已发生的故障或工作性能表现之间的关系。 10.使用故障诊断仪,在车辆上电状态下,对动力总成/发动机控制单元进行数据或程序刷新。 11.对更换的动力总成/发动机控制单元,根据需要重新编程。 12.使用故障诊断仪诊断、分析解释发动机操控性和相互关联的系统故障所造成的排放问题和驾驶性变差问题[例如后处理系统(DCU/DPU)、车身控制系统(BCM)、制动防抱死系统(ABS)、行车记录仪、巡航控制系统、安全警报/防盗、转矩控制、牵引力控制、转矩管理、空调和非OEM安装的附件];解释关联性系统故障对动力总成/发动机控制单元的影响关系,解释此类关联性系统故障与车辆已发生的故障或性异常表现之间的关系。 13.使用具备远程诊断与刷写功能的故障诊断仪,寻求在线专家的技术支持。 14.清除故障码,运行所有OBD监测功能并确认修复。 15.通过诊断,修复报告解释,驾驶员执行相应的操作来确定系统的状态,确认维修效果	1.仪表指示灯的含义	A	C
		2.发动机解码器的使用方法	A	C
		3.电路图的识读方法	B	C
		4.发动机的电控工作原理	B	C
		5.万用表、示波器的使用方法	B	C
		6.发动机控制(ECU)的工作原理	B	C
		7.控制单元编程的相关知识	B	C
		8.排放系统的组成及相关知识	B	C
		9.车身控制系统的相关知识	B	C
		10.制动防抱死系统的相关知识	B	C
		11.巡航系统的相关知识	B	C
		12.防盗系统的相关知识	B	C

表 B.2　S2 压燃式发动机测试规范和任务列表

内　　容	技 能 要 求	相 关 知 识	考核程度	
			维修士	维修工程师
A. 一般发动机故障诊断	1. 初步判断车辆故障或通过道路测试，结合驾驶员或客户对车辆故障情况的陈述、查阅过去的维修单据，协助完成故障内容的基本诊断。 2. 根据汽车铭牌确定发动机的型号和序列号，查阅适用的车辆和维修服务信息、维修注意事项和技术服务公告，合作完成维修方案的制定。 3. 检查发动机的燃油、机油、冷却液，排气后处理系统或其他是否存在泄漏，确定必要的维修作业项目。 4. 检查发动机舱线束，密封件、锁扣和线路连接器连接是否牢固、有无损坏和磨损，确定必要维修作业项目。 5. 通过检查来诊断发动机异响产生的具体部位，确定必要维修作业项目。 6. 通过检查发动机的排气气味、烟色，确定必要的维修作业项目。 7. 通过检查供油和回油管路有无泄露，确定必要的维修作业项目。 8. 正确进行排气后处理系统背压和温度测试，确定必要的维修作业项目。 9. 进行曲轴箱压力测试，确定必要的维修作业项目。 10. 诊断发动机不起动或者运转不稳的故障原因，确定必要的维修作业项目。 11. 对车辆电气原理图和符号进行正确的识读和解释。 12. 对整车电路连接器、起动电路和充电控制电路进行正确检查、测试和修理。 13. 诊断发动不能起动、动力不足、加速迟缓和自动停机熄火等故障问题，确定必要的维修作业项目。 14. 检查冷却系统冷却液冰点，冷却剂的类型，测试系统温度、压力、循环以及温度调节器和风扇运行状况，确定必要的维修作业项目。 15. 检查润滑系统机油液位、温度、压力，机油滤清器和机油损耗，机油样品抽取和读懂机油样品分析表，分析相关信息，确定必要的维修作业项目。 16. 使用示波器、发动机分析仪、数字万用表(DMM)和扫描工具，对发动机机械、电气、电子、燃料和点火的问题进行正确诊断，确定必要的维修作业项目。 17. 利用发动机解码器检查和记录发动机系统故障代码和运行数据，进行数据监测，比较标准数据流，确认故障代码，决定进一步诊断维修作业。 18. 诊断柴油发动机复杂综合故障，并指导维修士进行工作。 19. 运用发动机与汽车理论分析维修质量对汽车性的影响。 20. 进行成本核算和定额管理。 21. 进行技术总结、技术论文的撰写。 22. 熟悉汽车专业英语	1. 柴油发动机的构造与工作原理	A	C
		2. 起动机、发电机结构与工作原理	A	C
		3. 电路图的识读方法	B	C
		4. 万用表、发动机分析仪、示波器的使用方法	B	C
		5. 柴油发动机燃油系统工作原理	B	C
		6. 发动机理论与汽车理论	B	C
		7. 汽车维修常用英语	A	C
		8. 汽车油路、气路和电路故障的诊断方法	B	C

表 B.2(续)

<table>
<tr><th rowspan="2">内　容</th><th rowspan="2">技能要求</th><th rowspan="2">相关知识</th><th colspan="2">考核程度</th></tr>
<tr><th>维修士</th><th>维修工程师</th></tr>
<tr><td rowspan="6">B.缸盖配气机构的诊断和维修</td><td rowspan="6">1.掌握配气机构所有零部件的结构、工作原理、装配位置、装配方法及力矩、故障模式及检测方法。
2.根据维修手册的要求,拆卸、清洁和检查汽缸盖总成。
3.检查螺纹孔、螺栓,根据需要进行更换。
4.测量汽缸盖厚度,并检查配合面翘曲和表面粗糙度,检查是否有裂缝、损伤,检查水道和油道的状况,确定必要的维修作业项目。
5.检查气门、气门导管、气门座、气门弹簧、锁片和气门油封,确定适用性和必要的维修。
6.检查(气门桥),按照维修手册的技术要求进行调整(气门桥),必要时更换。
7.清洁部件、重新组装、检查和安装缸盖总成。
8.检查推杆、摇臂、摇臂轴、支架是否存在弯曲、开裂、松动和堵塞油道,根据需要进行更换。
9.调整气门间隙。
10.检查、测量、更换顶置凸轮轴和轴承,并测量和调整轴向间隙。
11.诊断汽缸盖综合故障,并指导维修。
12.诊断配气机构复杂综合故障,并指导维修</td><td>1.汽缸盖检测方法</td><td>A</td><td>C</td></tr>
<tr><td>2.汽缸盖的装配标准及工艺规范</td><td>A</td><td>C</td></tr>
<tr><td>3.配气机构组成及工作原理</td><td>B</td><td>C</td></tr>
<tr><td>4.配气机构检测方法</td><td>B</td><td>C</td></tr>
<tr><td>5.配气机构装配标准及工艺规范</td><td>A</td><td>C</td></tr>
<tr><td>6.气门间隙调整</td><td>B</td><td>C</td></tr>
<tr><td rowspan="5">C.缸体及曲柄连杆机构故障诊断和维修</td><td rowspan="5">1.掌握曲柄连杆机构所有零部件的结构、工作原理、装配位置、装配方法及力矩、故障模式及检测方法。
2.拆卸、清洁、检查发动机缸体是否有裂纹,检查配合面是否有损坏或翘曲、相关组件表面粗糙度,检查平面平整度,检查油道的状态,检查螺纹孔、螺栓、定位销并进行螺栓维护,根据需要进行更换。
3.检查汽缸套凸出量和孔道,测量孔道变形,确定所需的维修作业项目。
4.检查并测量汽缸壁磨损和衬垫的损坏,确定必要的维修作业项目。
5.更换并安装汽缸套和密封件,检查和调整衬垫高度凸起。
6.检查磨损的凸轮轴和凸轮轴轴承,根据需要进行更换。
7.清洁并检查曲轴表面,测量曲轴轴径、曲轴的弯曲度,检查安装面,确定所需的维修作业项目。
8.检查并更换主轴承,检查轴承间隙,保证曲轴正常运转。
9.检查并重新安装正时齿轮或驱动机构。
10.清洁、检查、测量或更换活塞、活塞销和相关组件。</td><td>1.汽缸体检查方法</td><td>B</td><td>C</td></tr>
<tr><td>2.活塞连杆结构及工作原理</td><td>A</td><td>C</td></tr>
<tr><td>3.活塞连杆检测方法</td><td>B</td><td>C</td></tr>
<tr><td>4.曲轴飞轮结构及工作原理</td><td>A</td><td>C</td></tr>
<tr><td>5.曲轴检测方法</td><td>B</td><td>C</td></tr>
</table>

表 B.2(续)

内　　容	技 能 要 求	相 关 知 识	考核程度	
			维修士	维修工程师
C. 缸体及曲柄连杆机构故障诊断和维修	11.测量活塞与汽缸壁的间隙。 12.检查活塞环和槽的配合并安装活塞环。 13.确定活塞、连杆轴承、连杆和曲轴是否按正确顺序装配,检查轴承内孔以及主轴承的磨损状况,确定必要的维修作业项目。 14.正确组装活塞和连杆,检查活塞凸起高度,更换连杆轴承并测量轴承间隙,检查活塞冷却喷嘴的安装位置、工作状态及间隙。 15.检查并测量曲轴减振器,根据需要进行更换。 16.正确检查和安装飞轮壳。 17.检查飞轮(包括齿圈)和安装表面是否有裂纹、磨损和跳动,确定必要的维修作业项目。 18.诊断发动机汽缸体复杂综合故障,并指导维修。 19.编制发动机汽缸体维修工艺卡			
D. 润滑和冷却系统的诊断和维修	1.掌握润滑系统和冷却系统所有零部件的结构、工作原理、装配位置、装配方法及力矩、故障模式及检测方法。 2.检查发动机机油压力及温度,并测试机油压力、温度传感器是否正常,必要时更换。 3.检查并测试机油泵,必要时更换。 4.检查与维修机油压力调节阀和旁通阀(多个),必要时更换。 5.检查、清理机油冷却器,测试旁通阀、管道和软管,必要时更换。 6.检查或维修涡轮增压器的润滑和冷却系统,根据需要进行更换。 7.更换机油和机油过滤器并加注恰当类型的机油。 8.检查并重新安装或更换皮带轮、张紧轮和传动皮带,根据正时需要,检查调整驱动皮带。 9.确认冷却液温度并检查温度和液位传感器工作是否正常。 10.检查并更换节温器(多个)、管路和密封组件。 11.检修或更换水泵,冲洗冷却系统,通过系统放气加满冷却液。 12.检查散热器水箱、水箱盖,确定所需的维修作业项目。 13.检查或更换风机轮毂、风机、风扇离合器、风扇控制线路、风扇温控和风扇罩。 14.正确冷却系统和散热器盖进行压力测试,确定必要的维修作业项目。 15.诊断润滑系复杂综合故障,并指导进行维修。 16.诊断冷却系复杂综合故障,并指导进行维修。 17.编制润滑系和冷却系维修工艺卡	1.润滑系统零部件结构及工作原理	A	C
		2.润滑系统零件检修方法	B	C
		3.冷却系统零部件结构及工作原理	A	C
		4.冷却系统零件检修方法	B	C

表 B.2(续)

内　容	技能要求	相关知识	考核程度	
			维修士	维修工程师
E.进排气系统的诊断和维修	1.掌握进排气后处理系统所有零部件的结构、工作原理、装配位置、装配方法及力矩、故障模式及检测方法。 2.检修或更换空气进气管路、空气滤清器及相关元件,排除进气系统故障。 3.检查和测试废气涡轮增压器(包括可变截面涡轮增压)增压压力、机油压力、电子控制、机构以及旁通阀和废气旁通控制机构。 4.检修或更换进气歧管、垫圈、温度和压力传感器以及连接器件。 5.检查、测试、清洁、更换增压空气冷却器和管道系统。 6.检修或更换排气歧管、垫圈、消声器、排气后处理系统[尿素还原系统(SCR)和颗粒物后处理装置]并正确安装。 7.检修、测试、更换空气加热器或电热塞等预热系统组件和控制线路。 8.检查、更换发动机排气后处理系统部件并测试。 9.检查、测试、维护和更换废气再循环(EGR)系统部件,包括EGR阀、冷却器、管道、过滤器、传感器和控制线路。 10.检查、测试、维护和更换排气后处理系统部件,包括传感器、控制器和控制线路。 11.车载排放诊断OBD系统的应用。 12.诊断进气系统复杂综合故障,并指导进行维修。 13.诊断排气后处理系统复杂综合故障,并指导进行维修。 14.编制进气系统和排气后处理系统维修工艺卡	1.进气系统零部件结构及工作原理	A	C
		2.进气系统各零部件检修方法	B	C
		3.排气后处理系统零部件的结构及工作原理	A	C
		4.排放控制策略及发动机排气后处理系统各零部件检修方法	B	C
		5.SCR系统结构及工作原理、检修方法	B	C
F.燃油系统的诊断和维修	1.掌握燃油系统所有零部件的结构、工作原理、装配位置、装配方法及力矩、故障模式及检测方法。 2.检修或更换燃油箱系统、通风孔、燃油液位计等。 3.检修、清洗、测试或更换燃油输油泵、泵驱动装置、过滤器、油水分离器、加热器、ECM冷却板并正确安装(保护燃油供给系统部件免受污染)。 4.检查燃油系统是否进入空气并对燃油系统空气进行正确排除,必要时更换输油泵。 5.检查并重新安装或更换高压管路、接头、密封件(保护高压喷射组件免受污染)。 6.正确对电子油门和定速巡航控制设备的部件和控制电路进行检查调整,必要时更换。	1.燃油系统零部件结构及工作原理	A	C
		2.燃油系统零部件的检修方法	B	C
		3.电控燃油高压喷射系统结构及工作原理	A	C

表 B.2(续)

内　　容	技 能 要 求	相 关 知 识	考核程度	
			维修士	维修工程师
F. 燃油系统的诊断和维修	7. 正确对发动机电子喷射器(HEUI,MEUI,COMMON RAIL)和电子控制系统的工作状态进行测试检查。 8. 检查、测试并更换发动机保护和自动停止或起动系统组件。 9. 正确连接诊断工具,确认车辆/发动机型号,观察和验证发动机动态数据流,确认发动机工作是否正常。 10. 使用诊断工具(手提或 PC)检查和试验发动机电子控制系统、传感器、执行器、ECM 和电路,确定进一步的诊断。 11. 选择适当的测试设备如数字万用表(DMM)测量电压、电压降、电流、电阻。 12. 诊断电控高压燃油喷射系统复杂综合故障,并指导进行维修。 13. 编制燃油系统维修工艺卡	4. 电控高压燃油喷射系统各部件的检修方法	B	C
G. 起动和充电系统的诊断和维修	1. 掌握起动和充电系统所有零部件的结构、工作原理、装配位置、装配方法及力矩、故障模式及检测方法。 2. 正确对电池进行充电、负载和电容测试,确定所需的维修作业项目。 3. 使用缓慢或快速充电方法,给电池适当充电。 4. 使用跨接电缆或辅助电瓶起动车辆。 5. 检查、清洁和维修电池电缆和终端连接,必要时更换蓄电池。 6. 检查、测试和重新安装起动机继电器、安全开关和电磁阀,必要时更换。 7. 对发电机的电压和电流输出进行正确测试,确定必要的维修作业项目。 8. 对起动机起动电流和充电电路电压进行正确试验测试,确定必要的维修作业项目。 9. 诊断起动和充电系统复杂综合故障,并指导进行维修。 10. 编制起动和充电系统维修工艺卡	1. 起动系统零部件检修测试方法	B	C
		2. 充电系统零部件检修测试方法	B	C
		3. 充放电原理	A	C
H. 发动机制动装置	1. 掌握发动机制动装置所有零部件的结构、工作原理、装配位置、装配方法及力矩、故障模式及检测方法。 2. 拆卸、检查发动机制动装置,确定发动机制动装置是否需要维修或更换。 3. 组装发动机制动装置,调整气门间隙,确定摇臂是否需要维修或更换。 4. 检查发动机制动装置是否有机油泄漏,确定发动机制动装置是否正常工作,根据需要进行维修或更换。 5. 检查发动机制动装置密封件、弹簧、阀门等部件,确定这些部件是否需要进行维修或更换。 6. 检查、测试发动机制动装置的控制电路,确定控制电路的故障点,根据需要进行维修或更换。 7. 诊断发动机制动装置复杂综合故障,并指导进行维修。 8. 编制发动机制动装置维修工艺卡	1. 发动机制动装置结构及工作原理	A	C
		2. 发动机制动装置气门间隙调整方法	B	C
		3. 发动机制动装置控制电路识读	A	C

表 B.3　S3 传动系统测试规范和任务列表

内　容	技 能 要 求	相 关 知 识	考核程度	
			维修士	维修工程师
A. 离合器诊断和修复	1. 掌握离合器所有零部件的结构、工作原理、装配位置、装配方法及力矩、故障模式及检测方法。 2. 诊断离合器异响或振动问题，确定故障原因，确定需要维修的项目。 3. 检测、调整、修理或更换离合器管路、支架、轴套、弹簧等，检查踏板高度和行程。 4. 检查、调整、修理或更换液压离合器从动缸和主动缸、管路和软管及液压系统。 5. 检查并安装分离轴承、衬套、弹簧、杠杆、分离叉，测量并调整分离轴承自由行程。 6. 检查、拆卸并安装单片离合器压盘和离合器片，调整自由行程和轴承初始位置。 7. 检查、拆卸并安装双片式离合器压板、离合器片、中间板，确定合适的离合器踏板力，调整自由行程和初始位置。 8. 检查因离合器引起的车辆起步瞬间抖动，确定需要检查和维修项目。 9. 检查因离合器引起的发动机起动后抖动，确定需要检查和维修项目。 10. 诊断离合器壳破裂的原因并确定检查维修项目。 11. 组织、指导维修人员解决离合器维修过程中出现的关键或疑难技术问题。 12. 编制故障分析报告	1. 离合器的构造与工作原理	A	C
		2. 离合器的拆装与检修方法	B	C
		3. 液压管路基础知识	A	C
		4. 离合器自由行程的概念	A	C
		5. 离合器抖动的原因	B	C
		6. 磁性表座及百分表的使用方法	A	C
		7. 直尺、游标卡尺及千分尺的使用方法	A	C
B. 变速箱诊断和修复	1. 掌握自动变速器所有零部件的结构、工作原理、装配位置、装配方法及力矩、故障模式及检测方法。 2. 诊断变速器振动、异响、过热的问题，确定需要维修的项目。 3. 检查、调整、修理或更换变速器换挡拉索、连接线束、支架。 4. 检查、测试、调整、修理或更换电子变速控制装置，换挡电机，速度和位置传感器，电子控制单元，(ECU/TCU)开关和线束。 5. 检查、维修或更换电子换挡装置(在驾驶室控制)、控制开关，显示器和指示灯、线束等。 6. 使用适当的诊断工具和软件，按照流程诊断自动变速器问题，检查并记录故障码、清除故障码，解读数字万用表(DMM)的读数，确定需要维修的项目。 7. 诊断关于机械式自动变速器的数据总线与电子控制系统的线路问题。	1. 变速器的构造与工作原理	A	C
		2. 传感器的工作原理及检修方法	B	C
		3. 电子换挡杆的结构与工作原理	A	C
		4. 掌握诊断仪的使用方法	A	C

表 B.3(续)

<table>
<tr><th rowspan="2">内容</th><th rowspan="2">技能要求</th><th rowspan="2">相关知识</th><th colspan="2">考核程度</th></tr>
<tr><th>维修士</th><th>维修工程师</th></tr>
<tr><td rowspan="7">B. 变速箱诊断和修复</td><td rowspan="7">8. 检查并更换变速器盖板、垫片、密封件、通风口，检查密封面。
9. 检查变速器液位，确定所需的服务并添加适当的润滑油。
10. 检查输入轴、齿轮、轴承、衬垫相关组件。
11. 检查主轴、齿轮、离合器、垫圈、衬套、轴承、副传动齿卡环和锁环，确定需要维修的项目。
12. 检查中间轴、齿轮、轴承、卡环和锁环，检查轴承的预紧和轴向间隙，确定需要的维修项目。
13. 检查输出轴、齿轮、垫圈、轴承、卡环和锁环，确定需要维修的项目。
14. 检查同步器锥毂、滑套、花键、弹簧、挡环、同步器，确定需要的维修项目。
15. 检查、维修或更换变速器润滑系的泵、冷却器、过滤器、管道和软管。
16. 检查、诊断变速器选换挡困难故障，确定需要维修的项目。
17. 组织、指导维修人员解决变速器维修过程中出现的关键或疑难技术问题。
18. 编制故障分析报告</td><td>5. CAN 通讯的基础知识</td><td>B</td><td>C</td></tr>
<tr><td>6. 故障码的读取与分析</td><td>A</td><td>C</td></tr>
<tr><td>7. 电路图的识读方法</td><td>A</td><td>C</td></tr>
<tr><td>8. 变速箱油液的类别与特性</td><td>A</td><td>C</td></tr>
<tr><td>9. 变速器的挡位传递路线</td><td>B</td><td>C</td></tr>
<tr><td>10. 同步器的结构</td><td>A</td><td>C</td></tr>
<tr><td>11. 换挡困难的常见原因</td><td>B</td><td>C</td></tr>
<tr><td rowspan="5">C. 传动轴及万向节故障诊断和维修</td><td rowspan="5">1. 检查、维修或更换传动轴、驱动凸缘、万向节、驱动轴胶套和密封、传动轴中心支撑和轴承座，并保留正确的位置。
2. 使用合适的传动系统分析软件来诊断动力传动系统的问题。
3. 诊断传动系缓速器的故障，确定需要维修。
4. 诊断 4×2 车辆传动轴前十字轴轴承易损坏(无过桥架)，并确定维修项目。
5. 诊断 6×4 车辆行驶抖动(传动轴)的原因，确定维修项目。
6. 诊断、检查 6×4 车辆传动轴变形，并确定维修项目。
7. 组织、指导维修人员解决传动轴及万向节维修过程中出现的关键或疑难技术问题。
8. 编制故障分析报告</td><td>1. 传动轴的结构与工作原理</td><td>B</td><td>C</td></tr>
<tr><td>2. 常用的传动系统的分析软件的使用</td><td>A</td><td>C</td></tr>
<tr><td>3. 传动轴抖动的常见原因</td><td>B</td><td>C</td></tr>
<tr><td>4. 缓速器的结构与工作原理</td><td>A</td><td>C</td></tr>
<tr><td>5. 十字轴结构与工作原理</td><td>A</td><td>C</td></tr>
</table>

表 B.3(续)

内　　容	技 能 要 求	相 关 知 识	考核程度	
			维修士	维修工程师
D. 驱动桥的诊断和维修	1.诊断驱动桥异响和过热的问题,确定需要的维修作业项目。 2.检查是否有液体泄漏,检查并更换通风口和密封件。 3.检查驱动桥油位,确定所需的服务,并加注合适的润滑油。 4.检查并更换差速器壳组件,包括小齿轮、十字轴、半轴齿轮、推力垫片和轴承。 5.检查主被动齿轮、垫片、轴承保持架和轴承,确定需要的作业维修项目。 6.检查主被动齿轮的接触面,并确定需要维修作业项目。 7.检查并更换轴间差速器总成。 8.检查、测量并调整驱动桥壳配合表面,确定是否需要维修。 9.检查、维修或更换驱动桥润滑系统组件,确定维修项目。 10.卸下并更换车轮总成,检查驱动桥车轮和轮毂密封看是否泄漏,确定维修项目。 11.诊断驱动桥轮毂轴承的噪音和损坏情况,确定是否需要维修。 12.检查或更换长期使用的轴承组件,确定维修项目。 13.检查驱动桥主减速器噪声,确定是否需要维修。 14.检查驱动桥主减速器与桥壳结合面油液泄漏,确定维修项目。 15.检测轮边过热,确定维修项目。 16.检查或更换轮边减速器行星齿轮副。 17.组织、指导维修人员解决驱动桥维修过程中出现的关键或疑难技术问题。 18.编制故障分析报告	1.主减速器的构造与工作原理	A	C
		2.差速器的结构与工作原理	A	C
		3.主减速器与差速器的检修方法	A	C
		4.半轴的结构与工作原理	A	C
		5.轮边减速器的结构与工作原理	A	C
		6.磁性表座及百分表的使用方法	A	C
		7.直尺、游标卡尺及千分尺的使用方法	A	C

表 B.4　S4 制动系统测试规范和任务列表

内　　容	技 能 要 求	相 关 知 识	考核程度	
			维修士	维修工程师
A. 空气制动系统诊断和修复	1.初步判断车辆故障或通过道路测试,并结合驾驶员或客户对车辆故障情况的陈述,通过查阅过去的维修记录,确认故障。 2.对空气系统漏气、空气压缩系统进行检查。 3.对空气压力表、驾驶室内管路、软管、接头和压力传感器进行检查。 4.对低压报警装置进行检查。 5.对空气储存罐进行检查,对水和异物进行排除。 6.对压缩机及驱动系统进行检查。 7.对空气压缩机、进气口、供油、供水管路、软管、接头和安装支架进行检查。 8.对系统压力控制阀(调速器/减压阀)、卸荷阀组件、管路、软管及配件进行检查。	1.汽车制动系构造与工作原理	A	C

表 B.4(续)

内　　容	技 能 要 求	相 关 知 识	考核程度	
			维修士	维修工程师
A. 空气制动系统诊断和修复	9. 对空气阀、单向阀、排水阀和连接器进行检查。 10. 对空气干燥系统、过滤器、阀门和连接器进行检查。 11. 对制动踏板、制动阀门、管件和底座进行检查。 12. 对制动开关、驻车制动灯、连接线和连接器进行检查。 13. 对驻车制动器控制阀、管路、软管、接头和固定件进行检查。 14. 对制动继动阀、快放阀进行检查。 15. 对牵引车保护阀进行检查。 16. 对紧急制动控制阀进行检查。 17. 对挂车或拖车的制动管路系统组件进行检查。	2. 制动系统构造与检修	A	C
	18. 对制动系统磨损异常、制动噪声、跑偏、制动拖滞，制动原件损坏等相关故障进行诊断和检修。 19. 对自动调整臂进行检查、维修、更换。 20. 对凸轮滚子、衬套、凸轮轴、密封件、垫片、定位器、制动片、制动鼓和弹簧等进行检查并更换。 21. 对空气盘式制动钳总成进行检查。 22. 对制动蹄片或垫片进行检查，确定摩擦等级，正确更换内衬/垫。 23. 对轮毂、轮毂轴承和轴承座进行清洁、检查、润滑、更换；更换密封件和耐磨环，按照维修手册的要求调整轮毂轴承。 24. 对制动气室的动作，包括制动的条件进行检查和测试、泄漏和安装。 25. 对制动阀、管路、软管及配件进行检查、测试并更换	3. 驻车制动系统构造与检修	A	C
B. 液压制动系统的诊断和维修	1. 诊断紧急制动噪声、过早磨损、拖滞或通过踩动踏板感觉引起盘式和鼓式制动器机械部件的问题，确定需要维修的项目。 2. 对液压系统的制动压力进行测试，并检查是否有液体渗漏；通过电脑操作和诊断查看故障码来检查制动系统。 3. 对制动踏板进行检查并调整自由行程。 4. 对制动总泵进行检查、测试并更换；检查推杆的长度。 5. 对制动管路、软管和相关配件进行检查并更换；选择正确的路线并安装。 6. 对计量阀、负载传感器和组合阀进行检查、测试并更换。 7. 对制动钳总成进行检查、维修并更换。 8. 检查或更换制动液。 9. 对制动鼓或盘进行检查并更换。 10. 对制动蹄片、安装硬件、调整装置和背板进行检查、调整并更换。 11. 对驻车制动系统部件进行检查、调整并更换。 12. 对造成制动(助力)系统制动不良的问题进行诊断；确定所要维修的项目(包括液压及电动辅助系统)。 13. 对制动辅助系统(增压器)、软管、控制阀和过滤器进行检查、测试、维修或更换	液压制动系统的工作原理与检修	A	C

表 B.4(续)

内　容	技能要求	相关知识	考核程度	
			维修士	维修工程师
C. 防抱死制动系统(ABS)、牵引控制(ATC)和电子车身稳定控制系统	1. 遵守防抱死制动系统(ABS)的操作,执行自检和确定进一步的诊断。 2. 对防抱死制动系统(ABS)的电子控制装置进行诊断,并会使用自诊断(闪烁码)或规定的测试设备(扫描工具、解码仪)组件;确定需要维修的项目。 3. 判断制动性差和防抱死制动系统(ABS)的故障;确定需要维修的项目。 4. 对制动防抱死系统(ABS)、空气、液压管路、电气和机械部件进行检查、测试并更换。 5. 自动诊断牵引力控制系统(ATC),并使用自诊断(闪烁代码)或指定的测试设备(扫描工具、基于 PC 的软件)来确定需要维修的作业项目。 6. 使用自我诊断(闪烁代码)或指定的测试设备(扫描工具、基于 PC 的软件),测试电子稳定控制系统及相关部件,确定需要维修的项目	1. ABS 防抱死制动系统工作原理与检修	A	C
		2. 牵引控制工作原理与检修	A	C
		3. 电子车身稳定控制系统工作原理与检修	B	C
D. 轮毂轴承诊断和修复	1. 对轮毂和车轮总成进行拆卸和更换。 2. 对轮毂轴承总成进行清洁、检查、润滑或更换;更换密封件。 3. 按照维修手册的程序和规范调整轮毂轴承	轮毂轴承构造与检修	A	C

表 B.5　S5 悬架与转向系统测试规范和任务列表

内　容	技能要求	相关知识	考核程度	
			维修士	维修工程师
A. 转向系统的诊断和维修	1. 诊断转向柱及转向传动机构噪声、松动和运动干涉等问题,确定是否需要维修。 2. 检查驾驶室的安装并调整方向盘高度。 3. 诊断动力转向系统噪声、转向不足、转向松旷、过热、泄漏等问题,确定需要维修作业项目。 4. 选择合适类型的助力液,检查液位水平和工作条件,确定所需的维修服务。 5. 清洗动力转向系统管路,并排除空气。 6. 检测动力转向系统的压力,温度和流动测试,确定需要维修。 7. 检查、维修或更换转向助力泵、散热管、过滤器、密封件和垫片。 8. 检查、调整或更换联动式动力转向缸及双转向桥的同步性(双系统)。 9. 检查、调整、修理或更换整体式动力转向器。	1. 转向系统的构造与工作原理	A	C
		2. 转向器的结构与工作原理	A	C
		3. 方向盘的结构	A	C
		4. 助力液的类型与特性	A	C
		5. 排气的步骤与方法	B	C

表 B.5(续)

<table>
<tr><th rowspan="2">内　容</th><th rowspan="2">技能要求</th><th rowspan="2">相关知识</th><th colspan="2">考核程度</th></tr>
<tr><th>维修士</th><th>维修工程师</th></tr>
<tr><td>A. 转向系统的诊断和维修</td><td>10. 调整、检查并更换转向臂、横拉杆及固定装置。
11. 组织、指导维修人员解决转向系统维修过程中出现的关键或疑难技术问题。
12. 编制故障分析报告(工程师)</td><td>6. 液压系统基础知识</td><td>A</td><td>C</td></tr>
<tr><td rowspan="5">B. 悬架、车架和牵引鞍座的诊断和维修</td><td rowspan="5">1. 检查、更换前轴、主销、衬套、轴承、密封件。
2. 检查、测试并更换减振器、空气悬架弹簧气囊,安装板和主要支撑梁、弹簧,压力调节器和高度控制阀,管路,软管及配件。
3. 诊断、检查并更换辅助电器组件和控件。
4. 验证和诊断车辆悬架的故障描述,确定是否需要维修。
5. 检查车桥负载分配问题,确定维修项目。
6. 检查整个悬挂是否有破损、断裂、变形、松动和损坏,确定是否需要维修。
7. 根据维修手册的程序检查,维修或安装支架、横梁和紧固件。
8. 检查、调整、维修或更换牵引鞍座、轴销、衬套、锁爪和固定螺栓。
9. 检查、维修或更换前后钢板弹簧、钢板销、支架及中心螺栓。
10. 组织、指导维修人员解决维修过程中出现的关键或疑难技术问题。
11. 编制故障分析报告</td><td>1. 普通悬架的构造与工作原理</td><td>A</td><td>C</td></tr>
<tr><td>2. 减震器的结构与工作原理</td><td>A</td><td>C</td></tr>
<tr><td>3. 空气悬架的组成与工作原理</td><td>A</td><td>C</td></tr>
<tr><td>4. 悬架的调整方法</td><td>A</td><td>C</td></tr>
<tr><td>5. 牵引鞍座的调整方法与规格</td><td>B</td><td>C</td></tr>
<tr><td rowspan="2">C. 四轮定位诊断,调整和修复</td><td rowspan="2">1. 诊断车辆跑偏、摆振、转向问题,确定需要调整和修理的作业项目。
2. 检查外倾角和主销后倾、内倾,确定需要维修的作业项目。
3. 检查前束、转向角和最小转弯半径,确定需要维修的作业项目。
4. 组织、指导维修人员解决维修过程中出现的关键或疑难技术问题。
5. 编制故障分析报告</td><td>1. 四轮定位的概念与作用及相关参数的调整方法</td><td>B</td><td>C</td></tr>
<tr><td>2. 转向角与转弯半径的定义及检测方法</td><td>B</td><td>C</td></tr>
<tr><td rowspan="4">D. 轮胎、轮辋及轮毂诊断和修复</td><td rowspan="4">1. 诊断轮胎花纹磨损情况,确定需要维修的作业项目。
2. 诊断轮端的振动、摆振等问题,确定需要维修的作业项目。
3. 检查、更换车轮,紧固螺栓。
4. 测量车轮径向和轴向跳动,确定需要维修或调整的作业项目。
5. 按照使用要求检查轮胎和气压,执行车轮和轮胎组件的动、静平衡。
6. 按照要求清洗、检查、润滑、更换轮毂、轮毂轴承和轴套、密封件,调整轮毂轴承。
7. 组织、指导维修人员解决维修过程中出现的关键或疑难技术问题。
8. 编制故障分析报告(工程师)</td><td>1. 轮胎花纹的类型与特点</td><td>A</td><td>C</td></tr>
<tr><td>2. 轮胎的安装方法与要求</td><td>A</td><td>C</td></tr>
<tr><td>3. 车轮径向和轴向跳动的检测方法</td><td>A</td><td>C</td></tr>
<tr><td>4. 轮毂的结构与更换方法</td><td>A</td><td>C</td></tr>
</table>

表 B.6　S6 电气/电子系统测试规范和任务列表

内　容	技能要求	相关知识	考核程度	
			维修士	维修工程师
A. 一般电气/电子系统故障诊断	1. 使用数字万用表(DMM)或其他测试设备检查电路的电压和电压降、电阻、工作电流。 2. 找到线路断路或短路原因并进行检测。 3. 对电池漏电进行检测。 4. 检查和测试熔断丝、断路器、熔断器和其他电路保护装置。 5. 检查和测试二极管、电阻器和电容器。 6. 检查和测试继电器和电磁阀。 7. 查看并识读电气原理图和符号。 8. 诊断数据总线故障,确定需要维修的作业内容。 9. 用诊断设备诊断车辆电子控制系统,根据诊断代码确定维修作业内容。 10. 使用汽车故障诊断仪、示波器、数字万用表检查并记录读取相关的数据流,诊断故障代码及数据。清除故障代码和更新数据	1. 数字万用表及其他测试设备的使用方法	A	C
		2. 各类电信号的检测方法	A	C
		3. 各类电气/电子元器件的检测方法、故障诊断与维修	B	C
		4. 电气原理图、电路图的识读要点与方法	A	C
		5. 诊断工具的使用与代码的识读	B	C
		6. 车载网络系统的应用于诊断	A	C
B. 电池和起动系统的诊断和维修	1. 使用数字万用表测量电池电压,确定电池状态。 2. 对电池进行负载和充电测试,确定所需的维修服务。 3. 检查、清洁或更换电池和连接线。 4. 根据电池规格,使用适当的方法为电池充电。 5. 通过辅助电源来起动车辆。 6. 在起动时测试电池电压,确定需要维修作业内容。 7. 执行起动电路的电压降试验,确定需要维修的作业内容。 8. 检查、测试并更换起动控制电路开关、继电器、连接器和线束。 9. 诊断起动机起动控制系统,确定需要维修的作业内容(工程师)。 10. 检查、测试并更换起动机继电器和起动电路。 11. 对起动机转速缓慢和起动困难的故障进行诊断	1. 汽车电气电源系统结构与原理	A	C
		2. 汽车电气电源系统故障诊断与维修	B	C
		3. 汽车电子/电气元器件的故障诊断与维修	B	C
		4. 汽车电气起动系统结构与原理	A	C
		5. 汽车电气起动系统故障诊断与维修	B	C

表 B.6(续)

<table>
<tr><th rowspan="2">内　容</th><th rowspan="2">技能要求</th><th rowspan="2">相关知识</th><th colspan="2">考核程度</th></tr>
<tr><th>维修士</th><th>维修工程师</th></tr>
<tr><td rowspan="2">C. 充电系统的诊断和维修</td><td rowspan="2">1. 对充电系统电路进行检测,确定维修项目。
2. 诊断、分析蓄电池电量不足或过充等故障的原因,确定需要维修的作业内容。
3. 检查、调整并更换发电机传动皮带、安装支架以及张紧器。
4. 对充电系统的电压和电流输出进行测试和试验,确定需要维修的作业项目。
5. 检查、修理或更换发电机、充电电路连接器和线束</td><td>1. 汽车电气充电系统结构与原理</td><td>A</td><td>C</td></tr>
<tr><td>2. 汽车电气充电系统故障诊断与维修</td><td>B</td><td>C</td></tr>
<tr><td rowspan="3">D. 照明系统的诊断和维修</td><td rowspan="3">1. 诊断灯光暗淡或者没有大灯和日间行车灯的故障原因,确定需要维修作业内容。
2. 检查、测试、修理或更换前照灯、前照灯开关,调光开关、控制元件、继电器、插座、连接器、端子和线束。
3. 检查、测试、修理或更换仪表灯电路开关、灯泡、LED灯、连接器、线束。
4. 检查、测试、修理或更换驾驶室内部灯电路开关、灯泡、LED灯、连接器、线束。
5. 检查、测试、调整、修理或更换制动灯电路开关、灯泡、LED灯、连接器、线束。
6. 检查、测试并诊断转向信号和危险警示灯系统故障,对相应的控制元件、开关、继电器、灯泡、线束和连接器进行必要的维修和更换作业</td><td>1. 汽车电气照明系统构造与原理</td><td>A</td><td>C</td></tr>
<tr><td>2. 汽车电气照明系统故障诊断与维修</td><td>B</td><td>C</td></tr>
<tr><td>3. 汽车电子/电气元器件的故障诊断与维修</td><td>B</td><td>C</td></tr>
<tr><td rowspan="5">E. 车辆相关辅助系统的诊断和维修</td><td rowspan="5">1. 根据顾客反馈及故障现象,填写《维修工单》。
2. 对车身电器的故障进行检测,验证故障或读取故障码。
3. 会查阅维修手册等相关信息,分析系统故障的原因。
4. 结合车辆技术通报等,制定故障诊断与维修计划。
5. 会使用相关仪器、仪表及专用诊断设备检测相关电器元部件,并判断是否需要调整、修复或更换。
6. 诊断与维修电动车窗故障,检查、测试电源、开关、升降器、电动机、线路及连接器,判断是否正常;并视情维修,至排除故障。</td><td>1. 电动车窗系统结构与原理</td><td>A</td><td>C</td></tr>
<tr><td>2. 电动车窗系统故障诊断与维修</td><td>B</td><td>C</td></tr>
<tr><td>3. 电动后视镜系统结构与原理</td><td>A</td><td>C</td></tr>
<tr><td>4. 电动后视镜系统故障诊断与维修</td><td>B</td><td>C</td></tr>
<tr><td>5. 电动座椅系统结构与原理</td><td>A</td><td>C</td></tr>
</table>

表 B.6(续)

内　　容	技 能 要 求	相 关 知 识	考核程度	
			维修士	维修工程师
E. 车辆相关辅助系统的诊断和维修	7. 诊断与维修电动座椅故障,检查、测试电源、开关、传动机构、电动机、线路及连接器,判断是否正常;并视情维修,至排除故障。 8. 诊断与维修电动后视镜故障,检查、测试电源、开关、电动机及传动机构、线路及连接器,判断是否正常;并视情维修,至排除故障。 9. 诊断与维修电动刮水器故障,检查、测试电源、开关、电动机及传动机构、线路及连接器,判断是否正常;并视情维修,至排除故障。 10. 执行车身电器检验技术标准,对维修车辆进行检验。 11. 根据故障诊断与维修案例,提出预防类似故障发生的措施	6. 电动座椅系统故障诊断与维修	B	C
		7. 电动刮水器结构与原理	A	C
		8. 电动雨刮系统故障诊断与维修	B	C

表 B.7　S7 暖气、通风和空调(HVAC)系统测试规范和任务列表

内　　容	技 能 要 求	相 关 知 识	考核程度	
			维修士	维修工程师
A. 暖通、空调系统故障诊断和维修	1. 通过客户访谈,查看过去的维修单据,路试确认车辆空调故障,进一步诊断。 2. 检查和判断空调系统运行时的异常噪声,确定适当的维修作业内容。 3. 通过目测、嗅闻气味和触摸诊断,验证空调和风系统压力和温度元件工作是否正常,确定适当的维修作业内容。 4. 识别空调系统类型和组成、离合器、孔管、膨胀阀等,并对空调系统进行风速和出口温度等性进行测试,确定适当的维修项目。 5. 确定空调系统的控制类型,检查并记录故障代码和故障指示灯,决定进一步诊断维修服务。 6. 组织、指导维修人员解决维修过程中出现的关键或疑难技术问题。 7. 编制故障分析报告	1. 空调系统的组成及其工作原理	A	C
		2. 压力与温度传感器的工作原理	A	C
		3. 空调离合器的工作原理	A	C
B. 空调系统组件的诊断和维修	1. 诊断空调系统温度控制问题的成因,确定需要维修的作业内容。 2. 确定制冷剂和冷冻机油的类型,并进行鉴别和环保检查,确定适当的维修作业。 3. 用压力表对空调制冷系统的压力进行测试和读数,并对比标准参数,诊断空调系统的问题,确定需要的服务或维修作业内容。	1. 空调的制冷方式	A	C
		2. 制冷剂与冷冻油的类型	A	C
		3. 歧管压力表的使用方法	A	C

表 B.7(续)

<table>
<tr><th rowspan="2">内　　容</th><th rowspan="2">技 能 要 求</th><th rowspan="2">相 关 知 识</th><th colspan="2">考核程度</th></tr>
<tr><th>维修士</th><th>维修工程师</th></tr>
<tr><td rowspan="10">B.空调系统组件的诊断和维修</td><td rowspan="10">4.运用检漏设备对空调系统进行泄漏测试,确定需要的维修作业内容。
5.检查制冷剂、冷冻机油量,确定适当的维修作业内容。
6.使用合适的设备对空调系统的元件进行必要清理。
7.对空调通风系统管道、鼓风机、蒸发器等被污染的空调系统组件进行清洁。
8.选用正确类型的制冷剂和润滑油,对空调进行制冷剂加注和维护。
9.使用冷媒机进行制冷剂回收作业。
10.对制冷剂进行标注并正确存储。
11.对空调系统进行循环测试,并检查制冷剂中的非冷凝气体。
12.对压缩机和离合器等设备是否正常工作进行判断,并按正确操作流程完成压缩机和离合器等设备的维护作业。
13.诊断由于保护装置(压力、温度)失效,引发的压缩机运行中断的故障,确定需要维修作业内容。
14.检查、测试和更换的空调系统的压力、温度和电子保护装置。
15.对空调压缩机驱动皮带、皮带轮、惰轮、张紧器和支架进行检查和更换,调整驱动皮带。
16.对空调压缩机离合器组件进行检查、测试,确定检测结果,并完成维修或更换作业。
17.检查空调压缩机的润滑状况,确定适当的维修作业内容。
18.检查并测试空调压缩机、蒸发器、冷凝器及相关的组件,确定检测结果,并完成维修或更换作业。
19.更换蒸发器、冷凝器、传感器、储液干燥器和软管。
20.检查、维修或更换的空调系统软管、线路、过滤器、检查接口、O形圈和密封件。
21.检查并清理空调冷凝器。
22.检查、测试并更换的空调系统的冷凝器和座架。
23.检查、测试制冷剂电磁阀、膨胀阀、恒温开关(热敏电阻)和电气辅助加热器,确定检测结果,并完成维修或更换作业。
24.检查并更换节流管。
25.检查、测试蒸发器,确定检测结果,并完成维修或更换作业。
26.检查、清洁、修理蒸发器外壳和排水装置。
27.检测流过蒸发器的风速,并对比标准参数,确定检查和维修或更换蒸发器的空气过滤器。
28.组织、指导维修人员解决维修过程中出现的关键或疑难技术问题。
29.编制故障分析报告</td><td>4.真空泵的使用方法</td><td>A</td><td>C</td></tr>
<tr><td>5.冷媒机的使用方法</td><td>A</td><td>C</td></tr>
<tr><td>6.空调制冷电路的控制原理</td><td>A</td><td>C</td></tr>
<tr><td>7.空调压缩机的工作原理</td><td>A</td><td>C</td></tr>
<tr><td>8.空调压缩机皮带轮的调整更换方法</td><td>B</td><td>C</td></tr>
<tr><td>9.压缩机润滑油的更换方法</td><td>B</td><td>C</td></tr>
<tr><td>10.蒸发器的更换方法</td><td>B</td><td>C</td></tr>
<tr><td>11.冷凝器的更换方法</td><td>B</td><td>C</td></tr>
<tr><td>12.节流管的更换方法</td><td>B</td><td>C</td></tr>
<tr><td>13.空调出风口风速的检测方法</td><td>B</td><td>C</td></tr>
</table>

表 B.7(续)

内　容	技能要求	相关知识	考核程度	
			维修士	维修工程师
C. 暖风和发动机冷却系统故障诊断和维修	1. 诊断暖风系统出风温度控制问题的原因,确定需要维修作业内容。 2. 诊断前风窗起雾的问题,确定需要维修作业内容。 3. 检查暖风系统是否有泄漏、污染,并对发动机冷却系统的冷却液液位、温度、类型进行测试,确定需要的维修作业内容。 4. 检查发动机冷却和加热系统的软管、接头和夹具,确定检测结果,并完成维修或更换作业。 5. 检查、测试散热器、水箱盖和膨胀水箱,确定检测结果,并完成维修或更换作业。 6. 检查水泵和驱动系统,确定检测结果,并完成维修或更换作业。 7. 检查、测试节温器及其外壳和密封件,确定检测结果,并完成维修或更换作业。 8. 完成散热器的清洗,冷却液的加注,冷却系统的排气作业。 9. 检修发动机冷却风扇及其轮毂、离合器和控制元件,确定检测结果并完成维修或更换作业。 10. 检查、测试加热系统的冷却剂控制阀和手动截止阀,确定检测结果,并完成维修或更换作业。 11. 检查暖风风速是否正常,完成冲洗并更换加热器芯。 12. 组织、指导维修人员解决维修过程中出现的关键或疑难技术问题。 13. 编制故障分析报告	1. 空调出风口温度的检测方法	B	C
		2. 空调暖风系统管道泄漏的检测方法	B	C
		3. 发动机冷却液的检测与更换方法	B	C
		4. 发动机冷却系统的组成及其工作原理	A	C
D. 操作系统和相关的控制组件诊断与维修	1. 诊断空调电路控制系统及机械控制系统故障的原因,确定维修项目。 2. 检测空调加热器、鼓风电机、电阻器、开关、继电器、控制模块、配线和保护装置,确定检测结果,并完成维修或更换作业。 3. 检测、维修并更换空调压缩机离合器控制电路,包括离合器电磁线圈、继电器、控制模块、接线、传感器、开关和保护装置。 4. 检测与空调相关的发动机和车身控制单元(ECM 和 BCM),确定需要的维修作业内容。 5. 检测、修理并更换发动机冷凝器控制电路,包括冷却风扇电机、继电器、模块单元、开关、传感器、线路和保护装置。 6. 检测、修理和更换鼓风电机控制电路,包括风扇电机、继电器模块、开关、传感器、线路和保护装置。 7. 检测、修理或更换空调系统电、气、机械控制面板组件。 8. 检测、调整、维修空调系统管道、出风口、控制电缆和相关组件。 9. 诊断自动空调温度控制系统的问题,确定需要维修的作业内容。	1. 空调系统的组成及其工作原理	A	C
		2. 空调压缩机电路的组成	A	C
		3. 空调电磁开关的工作原理	A	C
		4. 鼓风机控制电路的组成	B	C
		5. 自动空调的组成及其工作原理	A	C

表 B.7(续)

内　　容	技 能 要 求	相 关 知 识	考核程度	
			维修士	维修工程师
D. 操作系统和相关的控制组件诊断与维修	10. 检测、判断自动空调控制单元故障,更换自动空调控制单元。 11. 使用故障诊断仪对空调系统进行检测,记录故障代码,分析并做出维修处理。 12. 验证并清除故障诊断代码。 13. 组织、指导维修人员解决维修过程中出现的关键或疑难技术问题。 14. 编制故障分析报告	6. 空调诊断仪的使用方法	B	C
		7. 空调故障的诊断方法	B	C

表 B.8　S8 整车的维护测试规范和任务列表

内　　容	技 能 要 求	相 关 知 识	考核程度	
			维修士	维修工程师
A. 发动机系统	1. 根据发动机的型号和序列号查阅车辆和服务信息、服务事项。 2. 通过查看车辆的保养/维修记录,初步确定保养与维护的方案。 3. 通过检查发动机的运转(包括噪声、振动和排烟);记录怠速运转,调整怠速和动力输出的转速。 4. 使用汽车故障诊断仪、示波器、数字万用表检查并记录读取相关的数据流,诊断故障代码及数据。清除故障代码和更新数据。 5. 检查发动机外观,查看有无机油、冷却液、燃料泄漏情况(包含发动机关闭和运行状态)并记录。 6. 检查发动机悬置机构,确认悬置机构的状况(老化和松动等)。 7. 通过检查发动机皮带外观、张紧轮和滑轮的使用状况,检查并调整皮带的张紧力。 8. 检查发动机机油液位高度情况,检查机油标尺密封状况并记录。 9. 检查发动机线束、连接器和密封件安装正确。 10. 检查油箱、排气口、固定件、线束、油箱盖密封,检查加油口防虹吸装置是否正常。 11. 检查油水分离器、燃油加热器,并按照正确方法排出油水分离器中的水分,燃油滤清器按需更换。 12. 检查曲轴箱通风系统技术情况。 13. 检查发动机排气后处理系统有无泄漏、噪声过大以及零件丢失或损坏(隔热罩和网罩)。 14. 检查进气系统管道、中冷器、废气涡轮增压器的噪声,机油泄漏;检查支架安装和连接情况;检查废气旁通阀,可变涡轮增压器(VGT)的连接和软管,并检查滤清器的清洁和更换。	1. 汽车发动机型号及序列号的编制规则及查询方法	A	C
		2. 维修/保养记录的阅读	A	C
		3. 汽车专用及常用检测设备的使用	A	C
		4. 汽车发动机的组成及工作原理	A	C
		5. 汽车发动机机各零部件总成的组成、工作原理及检查方法	B	C

表 B.8(续)

内　容	技 能 要 求	相 关 知 识	考核程度	
			维修士	维修工程师
A. 发动机系统	15. 检查风扇离合器的运行，轴承状况、噪声；检查风扇组件和护罩部件是否损坏。 16. 检查散热器脏污、泄漏和损坏情况。对冷却系统及调节器检查、对散热器进行压力测试。 17. 确定冷却液的类型，检查是否污染，冷却液补充，对冷却液添加剂和冰点进行检查。 18. 更换机油和过滤器，清洁放油螺栓，检查机油冷却器及机油			
B. 驾驶室和发动机舱盖	1. 检查驾驶室和引擎罩开启、关闭触发装置。 2. 检查驾驶室灯、警示灯和警报开关。 3. 对仪表指示灯进行检查。 4. 对除霜器、加热器、通风和空调（HVAC）控制进行检查。 5. 使用诊断工具或车载诊断系统读取[包括发动机、变速箱、制动、辅助系统、电子安全气囊(SRS)、牵引力控制和车身控制系统]故障码。 6. 对电或气喇叭进行检查操作。 7. 对安全设备，包括照明灯、备用保险丝、反光三角、灭火器以及必需标示进行检查。 8. 对安全带和约束卧铺进行检查。 9. 对刮水器刮水和刮水臂进行检查。 10. 对风窗玻璃、遮阳板进行检查。 11. 对座位进行检查。 12. 对车门进行检查。 13. 检查并记录物理伤害。 14. 检查并润滑门铰链及驾驶室连接机构。 15. 检查驾驶室液压泵、线和油缸；检查驾驶室安全装置。 16. 检查油门、离合器、制动踏板的工作状态。 17. 检查驾驶室底盘高度；检查驾驶室空气悬架弹簧、支架、软管、阀门、减振器及配件是否有泄漏和损坏。 18. 检查前保险杠。 19. 对空调系统工作状况进行检查。 20. 对辅助动力装置(APU)进行检查(工程师)	1. 汽车车身构造与原理、检查方法	B	C
		2. 汽车仪表报警系统的组成、工作原理及检查方法	B	C
		3. 汽车灯光照明和信号指示系统的工作原理及检查方法	B	C
		4. 汽车空调与通风系统的构造及检查维护方法	B	C
		5. 汽车整备检查	B	C
		6. 汽车辅助系统各系统及总成的结构、原理及检查维护方法	B	C
		7. 液压系统的机构、原理及检查维护方法	B	C
		8. 汽车安全系统结构、原理与检查维护方法	B	C

表 B.8(续)

<table>
<tr><th rowspan="2">内　容</th><th rowspan="2">技 能 要 求</th><th rowspan="2">相 关 知 识</th><th colspan="2">考核程度</th></tr>
<tr><th>维修士</th><th>维修工程师</th></tr>
<tr><td rowspan="4">C. 电气/电子系统</td><td rowspan="4">1. 对蓄电池壳体、盖板和固定件进行检查。
2. 对蓄电池连接状况、电缆及电缆布线进行检查。
3. 对蓄电池工作条件进行检查。
4. 对起动机的安装情况、线束及布线进行检查。
5. 对起动机异常进行检查。
6. 对交流发电机的安装情况、线束及布线进行检查。
7. 对发电机输出电流、电压进行测试。
8. 对室内灯进行检查。
9. 对所有外部灯光、镜头和反射器进行检查。
10. 对拖车连接器及电缆进行检查</td><td>1. 汽车电气电源统构造、原理与检查维护方法</td><td>B</td><td>C</td></tr>
<tr><td>2. 汽车电气充电系统构造、原理与检查维护方法</td><td>B</td><td>C</td></tr>
<tr><td>3. 汽车发动机起动系统构造、原理与检查维护方法</td><td>B</td><td>C</td></tr>
<tr><td>4. 汽车电气灯光照明系统结构、原理与检查维护方法</td><td>B</td><td>C</td></tr>
<tr><td rowspan="4">D. 车架和底盘
1.制动器;
2.传动系统;
3. 转向,轮胎,车轮;
4. 减振、车架和牵引鞍座</td><td rowspan="4">1. 对驻车制动进行检查。
2. 对空气压缩设备(PSI)进行检查。
3. 对空气处理单元进行检查。
4. 对制动系统漏气进行检查。
5. 对低气压报警装置进行检查。
6. 对挂车继动阀装置及管路进行检查。
7. 对防抱死制动系统(ABS)系统、牵引力控制系统(ATC)进行检查。
8. 对制动气室、气路安装和线路插头进行检查。
9. 对制动摩擦片的工作条件和厚度进行检查。
10. 对轮毂进行检查。
11. 对制动调整臂进行检查。
12. 对制动凸轮轴和衬套进行检查。
13. 对制动元件油嘴检查及补充制动液。
14. 对分离轴承和离合器制动器进行检查。
15. 对离合器联动和传动机构、分离轴承的工作条件进行检查。
16. 对离合器总泵液面、离合器总泵、分泵、管路和软管泄漏和损坏进行检查。
17. 对离合器检查和调整。
18. 对变速器通气孔进行检查。
19. 对传动吊架松动和老化进行检查。
20. 对变速器油液的水平和状况进行检查,清洗磁性螺塞。</td><td>1. 汽车底盘制动系统结构、原理与检查维护方法</td><td>B</td><td>C</td></tr>
<tr><td>2. 汽车底盘传动系统结构、原理与检查维护方法</td><td>B</td><td>C</td></tr>
<tr><td>3. 汽车底盘转向悬架系统结构、原理与检查维护方法</td><td>B</td><td>C</td></tr>
<tr><td>4. 汽车底盘形式系统结构、原理与检查维护方法</td><td>B</td><td>C</td></tr>
</table>

表 B.8(续)

内　　容	技 能 要 求	相 关 知 识	考核程度	
			维修士	维修工程师
D. 车架和底盘 1.制动器; 2.传动系统; 3.转向,轮胎,车轮; 4.减振、车架和牵引鞍座	21.对万向节及轴承进行检查。 22.对桥壳裂缝和渗漏进行检查。 23.对车桥通气孔进行检查。 24.对传动系统润滑油嘴进行检查。 25.检查驱动桥的油位。 26.更换驱动桥润滑油,检查并清洗磁性螺塞。 27.对取力器(PTO)装置运行状态进行检查;检查PTO万向节传动轴是否损坏,相关部件定位检查。 28.更换变速器油和过滤器,检查并清洗磁性螺塞。 29.更换变速器油。 30.更换驱动桥油。 31.对转向盘和转向传动轴进行检查。 32.对动力转向油泵、储油罐、软管泄漏、安装、液位进行检查。 33.对动力转向液和过滤器进行检查。 34.对转向器、泄漏和安装状态进行检查。 35.对方向机转向轴及万向节工作条件、工作相位进行检查;对固定螺栓、花键、垂臂到转向扇形齿轮轴、拉杆、拉杆球头和轮的运动情况进行检查。 36.对主销和推力轴承进行检查。 37.对前后轮轴承/轮毂组件松动和噪声,包括(封紧公差和成套)组件进行检查。 38.对所有非驱动桥轮毂油位和工作状况进行检查。 39.根据需要(其中一个和两个螺母类型)按照制造商的规格调整轮毂轴承。 40.检查轮胎不规则磨损和方向性的轮胎的安装。 41.检查轮胎切口、裂缝、凸起和侧壁损伤。 42.测量和记录轮胎花纹深度,清除嵌入杂物。 43.检查并记录轮胎气压,根据需要进行调整。 44.检查轮胎的匹配(直径和胎面)双轮胎安装。 45.润滑所有转向黄油嘴。 46.检查前部和后部悬架部件(弹簧、支架、卸扣、U形螺栓、半径杆、扭力杆、负荷垫、行走梁和均衡器),并按照维修手册的规格检查U形螺栓的力矩。 47.对减振器泄漏和安装进行检查。 48.对空气悬架组件(空气弹簧/袋、坐骑、软管、阀门、联动、配件)泄漏和损坏及悬架车身高度进行检查。 49.识别驱动桥的标签,对零部件配置安装进行检查。 50.润滑所有悬挂黄油嘴。 51.检查贯通桥间距。 52.检查牵引鞍座架、螺栓、滑块、连接线、锁、轴销、衬套。 53.对牵引鞍座锁定装置进行试运行,根据需要进行调整。 54.检查挡泥板、支架和反光装置。			

表 B.8（续）

内　容	技能要求	相关知识	考核程度	
			维修士	维修工程师
D. 车架和底盘 1.制动器； 2.传动系统； 3.转向，轮胎，车轮； 4.减振、车架和牵引鞍座	55.检查吊钩总成，固定螺栓和锁。 56.清洁并检查牵引鞍座板裂纹和损坏；润滑牵引鞍座所有黄油嘴。 57.检查副车架和车架组件是否有裂缝和损坏。 58.检查车身附件。 59.检查对自卸货箱坡道。对闸门、汽缸、控制、软管、电线和警示贴纸进行检查			
E. 对车辆进行道路测试	1.对离合器和换挡机构进行检查操作。 2.检查所有仪器、仪表和指示灯的操作。 3.检查转向盘自动回正力。 4.对变速器操纵情况进行检查操作。 5.检查道路限速情况。 6.检查巡航控制。 7.观察排气烟雾情况。 8.测试制动性。 9.验证发动机/排气制动或缓速器操作性。 10.对车辆报警装置进行检查操作	1.汽车底盘构造与维修	A	C
		2.汽车发动机构造与维修	A	C

表 B.9　S9 电动商用车测试规范和任务列表

内　容	技能要求	相关知识	考核程度	
			维修士	维修工程师
A. 高压安全防护使用	1.选用及检查高压安全防护用品。 2.使用测量设备对高压线路及部件进行检测。 3.维护高压检测仪器设备。 4.严格执行高压操作安全规范。 5.制定高压触电人员等意外急救预案。 6.指导维修士做好高压安全防护。 7.制定高压安全防护操作规程。 8.对操作高压检测仪器设备人员进行培训	1.高压安全防护用品名称类别及使用方法	A	C
		2.高压检修工具及量具的使用方法	B	C
		3.高压检修操作安全措施	A	C
		4.高压触电急救措施	B	C

表 B.9(续)

内　　容	技能要求	相关知识	考核程度	
			维修士	维修工程师
B. 电池及管理系统诊断与维修	1.在维修作业中执行高压安全操作。 2.执行维修手册中安全操作规范,进行电池的维护与保养。 3.对电池进行充电。 4.诊断电池管理系统中不上电故障原因,确定维修作业内容。 5.使用诊断仪对电池管理系统进行故障码及数据流的读取与分析。 6.按照安全作业规范完成动力电池组拆卸。 7.制定电池与管理系统的维护流程。 8.进行电动商用车电池的充电操作培训。 9.制定电动商用车的电池及管理系统的检测流程并改进。 10.识别动力电池的组件和检测评估。 11.进行接触器检查或更换。 12.进行电池管理器的检查与更换。 13.进行电池热管理系统组件的检测与更换。 14.判断动力电池组是否漏电。 15.进行动力电池组电池模块充放电与容量均衡。 16.进行动力电池组整体性评估	1. 电池与管理系统的结构与原理	A	C
		2. 电池与管理系统的维护与检查	A	C
		3. 电池与管理系统的诊断与维修	B	C
		4. 电池与管理系统的维护工艺改进	A	C
C. 电机及控制系统诊断与维修	1.识别高压组件在实车的位置。 2.识别高压组件高压电路连接器接口定义。 3.进行高压电缆的绝缘检测与更换。 4.进行高压回路的检测。 5.区别不同类型驱动电机的生产企业。 6.识别主流驱动电机的类型。 7.进行永磁同步驱动电机组件的更换。 8.进行永磁同步驱动电机相关信号的检测。 9.进行电机控制器的更换。 10.进行电机控制器相关信号的检测。 11.在电机及控制器维修作业时严格执行高压安全操作规范。 12.参照维修手册严格执行安全操作规范,进行电动商用车电机与控制系统的维护与保养。 13.诊断分析电机控制器温度过高、挂挡后无法行驶等电机控制器常见故障的原因,确定维修作业内容。 14.正确使用诊断仪对电动商用车电机及控制器进行故障码及数据流的检测分析	1. 电机及控制系统的结构与原理	A	C
		2. 电机及控制系统的检测与更换	B	C
		3. 电机及控制系统常见故障的诊断与维修	B	C

表 B.9(续)

内　容	技能要求	相关知识	考核程度	
			维修士	维修工程师
D. 其他高压控制系统诊断与维修	1. 诊断分析电动空调不工作或漏电等常见的故障,确定需要的维修作业内容。 2. 检查电动空调控制电路各部件,确定维修作业内容。 3. 检查测试,修理或更换电动空调压缩机。 4. 检查测试,修理或更换电动空调控制各传感器。 5. 检查测试,修理或更换电动空调加热器等其他部件。 6. 诊断分析电动助力转向系统工作不正常等故障原因,确定维修作业内容。 7. 检测测试,修理或更换电动助力转向系统控制电路各部件。 8. 诊断分析电动空气压缩机(高压打气泵)工作不正常等常见的故障原因,确定维修作业内容。 9. 检查测试、修理或更换电动空气压缩机(高压打气泵)控制电路各部件。 10. 诊断分析整车其他电控系统工作不正常故障原因,确定维修作业内容。 11. 检查测试,修理或更换整车其他电控系统各部件	1. 电动空调系统结构原理与诊断维修	B	C
		2. 电动助力转向系统的结构原理与诊断维修	B	C
		3. 电动空气压缩机(客车)系统结构原理与诊断维修	B	C
		4. 整车其他电控系统结构原理与诊断维修	B	C